Nicole Schäufler

Schwanger in das Neue Jahr

Ein Geschenkbuch für werdende Mütter

edition riedenburg

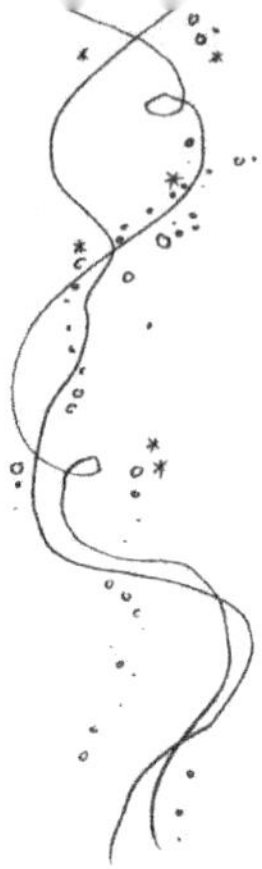

Inhalt

Für alle werdenden
Mamas und für dich:

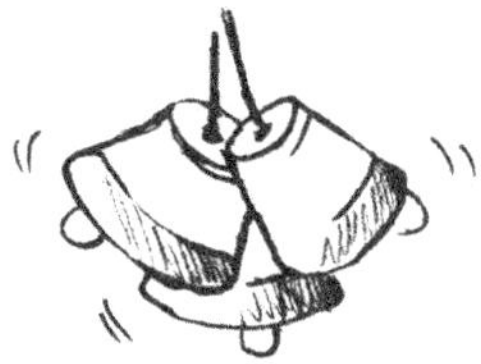

Im Winter schwanger sein –
das ist etwas ganz Besonderes!

In der kalten Jahreszeit schläft Mutter Erde. Während es draußen immer kälter wird, hüllen wir uns in warme Decken und hoffen auf den Frühling. Schwanger sein – das heißt auch: Warten auf den richtigen Moment. Warten auf das Licht. Warten auf den Augenblick, in dem ein neues Leben zur Welt kommt. Gerade im Winter sind wir dabei nicht allein. Mit uns warten die Weidenkätzchen, die Zwiebeln der Schneeglöckchen und die Knospen am Kirschbaum.

Der Winter erinnert uns daran, dass Zeiten des Wartens und der Vorfreude zum Leben dazu gehören.

Gerade für werdende Mütter ist der
Winter eine Zeit guter Hoffnung.

25. Dezember

Nach Heilig Abend

Nach dem Trubel des Heiligen Abends ist
Ruhe oft das schönste Geschenk.

Am Morgen des 1. Weihnachtsfeiertages ein wenig länger schlafen, gemütlich auf dem Sofa einen Tee oder Kaffee trinken, am Fenster schauen, was das Dezemberwetter macht. Für Schwangere sind diese ruhigen Augenblicke besonders wohltuend. Du kannst endlich tief durchatmen, und auch dein Kind wird spüren, wie du dich entspannst.

Gut möglich, dass es gerade an diesem Tag besonders rege ist. Denn oft schlafen Kinder im Bauch ein, wenn die Mutter länger läuft und in Bewegung ist.

Vielleicht beginnt nun – indem du zur Ruhe kommst
am Morgen nach der Bescherung – ein ganz neuer,
bewegungsfreudiger Entwicklungsabschnitt für dein Kind.

Für alle Schwangeren,
die sich am 1. Weihnachtsfeiertag
um das Festtagsmenü kümmern

Es wird mit Recht ein guter Braten
gerechnet zu den guten Taten;
und dass man ihn gehörig mache,
ist weibliche Charaktersache.

Ein braves Mädchen braucht dazu
mal, erstens, reine Seelenruh,
dass bei Verwendung der Gewürze
sie sich nicht hastig überstürze.

Dann, zweitens, braucht sie Sinnigkeit,
ja, sozusagen Innigkeit,
damit sie alles appetitlich,
bald so, bald so und recht gemütlich
begießen, drehn und wenden könne,
dass an der Sache nichts verbrenne.

In summa braucht sie Herzensgüte,
ein sanftes Sorgen im Gemüte,
fast etwas Liebe insofern.
Für all die hübschen, edlen Herrn,
die diesen Braten essen sollen
und immer gern was Gutes wollen.

Ich weiß, dass hier ein jeder spricht:
„Ein böses Mädchen kann es nicht."
Drum hab' ich mir auch stets gedacht
zu Haus und anderwärts:
Wer einen guten Braten macht,
hat auch ein gutes Herz.

Text: Wilhelm Busch (1832–1908)

26. Dezember
Zweiter Feiertag

Vielleicht gibt es ihn auch bei dir:
den ausufernden Geschenkeberg, der sich
gleich neben dem Weihnachtsbaum erhebt.

Das ist eine gute Gelegenheit, sich daran zu erinnern, warum wir Weihnachten überhaupt feiern: weil – nach christlichem Glauben – ein Kind geboren wurde. Ohne die Geschichte von der Schwangerschaft Marias würden wir dieses Fest in der dunklen Jahreszeit vielleicht gar nicht oder zumindest anderes begehen.

Und auch die Geschenke sind ein Teil dieser berühmten Geschichte. Bekümmere dich an diesem 2. Weihnachtsfeiertag nicht um Unordnung, Geschenkpapierreste und Plätzchenkrümel.

Setze dich lieber mit deinem Kugelbauch neben den Geschenkeberg und sage dir: Genau das ist Weihnachten!

Vielleicht dein neuer Lieblingstee:

Mandarinen-Traum

Du brauchst:

2 Mandarinen (ungespritzt)

1 TL Nelken

eine Prise Zimt

2 TL grüner Tee oder Kräutertee

1 Päckchen Vanillezucker

1 l heißes Wasser

Einfach die Mandarinen samt Schale klein würfeln. Den Tee mit heißem Wasser aufgießen und die Mandarinen mit den übrigen Zutaten zugeben. 10 Minuten ziehen lassen.

Wenn du Fencheltee verwendest, hat dies eine beruhigende Wirkung auf Magen und Darm.

Weihnachtslied

Vom Himmel in die tiefsten Klüfte
ein milder Stern herniederlacht.
Vom Tannenwalde steigen Düfte
und hauchen durch die Winterlüfte,
und kerzenhelle wird die Nacht.

Mir ist das Herz so froh erschrocken,
das ist die liebe Weihnachtszeit!
Ich höre fernher Kirchenglocken
mich lieblich heimatlich verlocken
in märchenstille Herrlichkeit.

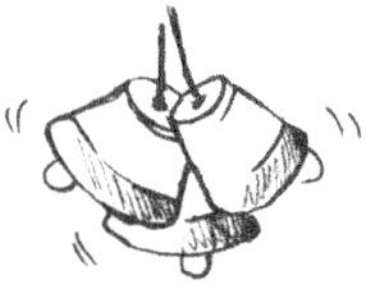

Ein frommer Zauber hält mich wieder,
anbetend, staunend muß ich stehn;
es sinkt auf meine Augenlider
ein goldner Kindertraum hernieder,
ich fühl's, ein Wunder ist gescheh'n.

Text: Theodor Storm (1817–1888)

27. Dezember
Die Rauhnächte

Die zwölf Tage zwischen Weihnachten und dem 6. Januar werden auch als Rauhnächte bezeichnet.

Zu ihnen gehören – je nach Region – verschiedene Bräuche. Unter anderem glaubte man früher, dass in diesen Nächten die Tiere sprechen und die Zukunft voraussagen können.

Für schwangere Frauen waren die Rauhnächte schon immer eine bedeutungsvolle Zeit. Denn will nicht jede werdende Mutter gern eine Weissagung hören, die eine glückliche Geburt und ein gesundes Kind verheißt? Gleichzeitig galten die Rauhnächte immer auch als gefährliche Zeit. Frauen und Kinder sollten nachts das Haus nicht verlassen, um nicht von den wilden Geistern entführt zu werden, die in dieser Zeit umhergehen. Die „Wilde Jagd" nannte man diese angeblichen Geisterzüge.

Vielleicht kennst du selbst noch den Brauch, dass in den Rauhnächten keine Wäsche gewaschen werden soll?

Damit sich die Geister nicht in der Wäscheleine verfangen und Unglück bringen, sagte man früher.

Kleines Katzen-Orakel für dich und deine Gäste

Du brauchst:

Schwarzes Scherenschnittpapier

Katzen-Schablone (Kopiervorlage, siehe Seite 105)

10 kleine Zettel für Orakelsprüche

Kleber

Schneide zuerst 10 Katzen aus dem Scherenschnittpapier. Schreibe dann auf jeden kleinen Zettel einen selbst ausgedachten Orakelspruch. Klebe die Zettel auf die Rückseiten der Katzen und verteile diese auf dem Kaffeetisch. Jeder Gast darf sich seine Katze selbst aussuchen und bestimmt damit auch über seinen Orakelspruch.

Orakelbeispiele:

- In diesem Jahr gelingt dir etwas, was du dir schon immer gewünscht hast.
- Du wirst einen Menschen kennenlernen, der dir die Augen öffnet.
- Im Sommer wartet eine große Veränderung auf dich.

Die Geburtenzahl

Die Geburtenzahl
ging herunter,
traf den Pfarrer im Tal
nachts noch munter.

Heidel da diedel dumm
wie war das schön im Tal!
Aufwärts steigt wiederum
bald die Geburtenzahl.

Und dann lächelt alles froh
im statistischen Büro.

Text: Joachim Ringelnatz (1883–1934)

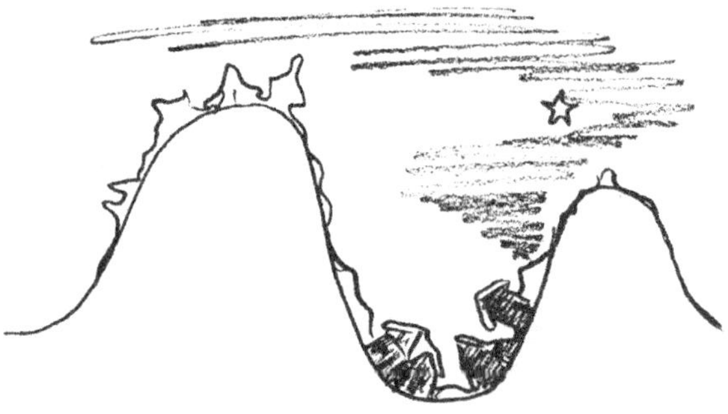

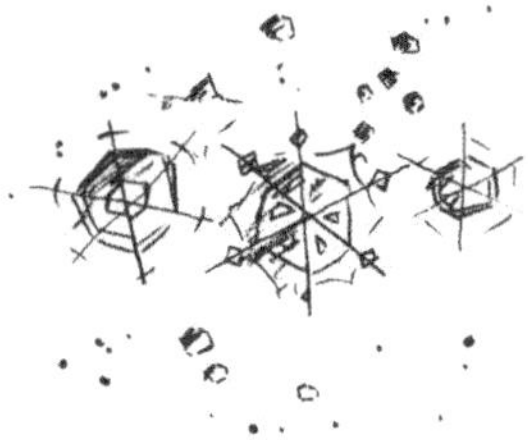

28. Dezember
Unschuldige Kinder

Ganz unvorstellbar erscheint uns heute, was das Matthäus-Evangelium über diesen Tag berichtet:

König Herodes der Große habe alle Jungen unter zwei Jahren umbringen lassen, um dabei auch Jesus zu töten. Heute wird diese Geschichte von vielen als fiktiv angesehen. Der Tag jedoch erhielt seinen Namen nach dieser Beschreibung.

Eine ältere und viel schönere Geschichte zu diesem Tag stammt aus vorchristlicher Zeit. Demnach soll Frau Holle am 28. Dezember unterwegs sein und mit ihr alle Kinder, die im nächsten Jahr geboren werden. In manchen Regionen stellten die Frauen deshalb etwas zu essen vor die Tür – eine Gabe für die Kinderschar. Frau Holle galt in früherer Zeit als Schutzgöttin der Frauen und Kinder.

Im Märchen von der Frau Holle ist sie deshalb nicht nur die Hüterin der Schneeflocken – sie belohnt und bestraft auch die jungen Frauen.

Frau Holle

Sie nahm es darauf bei der Hand und führte es an ein großes Tor. Das wurde aufgetan, und wie das Mädchen darunter stand, fiel ein gewaltiger Goldregen, und alles Gold blieb an ihr hängen, so dass sie über und über damit bedeckt war. „Das sollst du haben, weil du so fleißig bist", sagte die Frau Holle.

Ausschnitt aus der Überlieferung der Brüder Grimm

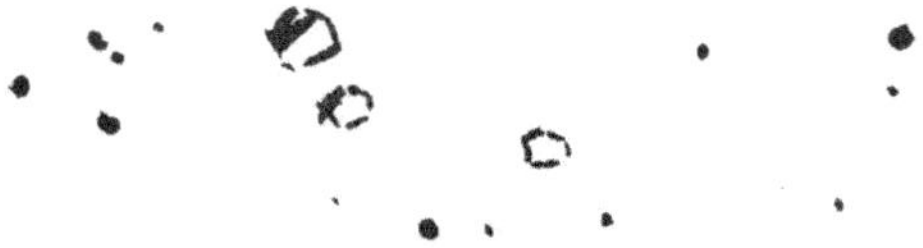

Lies doch einfach selbst noch einmal
das Märchen von der Frau Holle.

Ein Löffel Glück und Segen

Das klassische Gericht für Frau Holle und die Kinder ist oft süßer Hirsebrei. Du kannst statt Hirse auch Milchreis oder Haferflocken verwenden.

Einfach mit Milch aufkochen und nach Belieben süßen.

Ein Schälchen ist für dich, eines für Frau Holle und die Kinderschar. Bestimmt bringt es Glück, wenn du es nachts für sie stehen lässt.

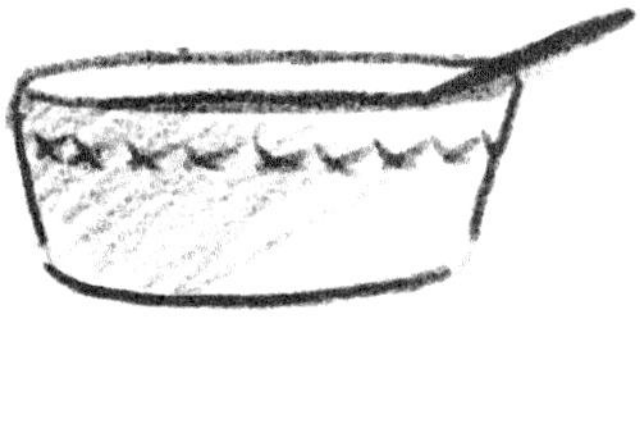

29. Dezember
Glücksorakel

Rund um Silvester und Neujahr existieren viele Glücks- und Orakelbräuche.

Bis heute verkaufen die Geschäfte in dieser Zeit Glücksschweinchen aus Marzipan oder vierblättrigen Klee. Wir alle wünschen uns, dass im nächsten Jahr viele gute Tage kommen, und möchten das Glück förmlich beschwören.

Bestimmt kennst auch du das Bleigießen oder Wachsgießen. Und wenn du als werdende Mutter wissen möchtest, ob dein Kind bei Regen oder Sonnenschein geboren wird, dann probiere doch einmal das Zwiebel-Orakel aus: Einfach eine große Zwiebel in 12 gleiche Teile schneiden – für jeden Monat eine. In jede Zwiebelschale etwas Salz geben und über Nacht stehen lassen.

Findest du in der Schale des voraussichtlichen Geburtsmonats trockenes Salz, wird es ein sonniger Monat.

Gutsjahr-Ring

Für die herzhafte Variante mit Kümmel brauchst du:

500 g Weizenmehl

1 Würfel Hefe

1 TL Zucker

1 TL Salz

2 EL Öl

125 g Schmand

125 ml Wasser

1 Eiweiß

Kümmel

Zuerst löst du Hefe und Zucker im warmen Wasser auf und wartest dann 20 Minuten. Dann verknetest du das Ganze mit Mehl, Salz, Öl und Schmand zu einem Teig. Dieser sollte eine Stunde gehen. Dann teilst du den Teig in 12 Stücke, die du zu Ringen formst. Sie dürfen auf dem Backblech noch einmal eine Stunde ruhen. Dann die Ringe noch mit Eiweiß bestreichen und mit Kümmel bestreuen. Bei 240 Grad etwa 15 Minuten backen.

Sei du mir Omen und Orakel

Sei du mir Omen und Orakel
und führ mein Leben an zum Fest,
wenn meine Seele, matt vom Makel
die Flügel wieder fallen lässt.

Gib mir das Niebesessne wieder:
das Glück der Tat, das Recht zu ruhn,
mit einem Wiegen deiner Glieder,
mit einem Blick für meine Lieder,
mit einem Grüßen kannst du‘s tun.

Text: Rainer Maria Rilke (1875–1926)

30. Dezember
Die zwölf Monate

Der Dezember ist die Zeit der
Rückblicke und des Vorausschauens.

Ein Jahr ist vergangen, in dem du schwanger geworden bist. Ein neues Jahr wird anbrechen, in dem du dein Kind zur Welt bringen wirst. Als schwangere Frau darfst du zum Jahreswechsel hoffen, dass großes Glück vor dir liegt. Nicht umsonst heißt eine alte Umschreibung für Schwangerschaften „guter Hoffnung sein".

Im Märchen „12 mit der Post" hat der Dichter Hans Christian Andersen die Monate des Jahres mit ihren Eigenheiten beschrieben. Seine Geschichte endet mit dem Satz:

„Wenn ein Jahr verstrichen ist, werde ich dir sagen,
was die zwölf uns allen gebracht haben. Jetzt weiß ich
es noch nicht, und sie wissen es wohl selbst noch nicht –
denn es ist eine merkwürdige Zeit, in der wir leben."

Ringzauber aus dem Märchen von den 12 Monaten

Kullre, kullre, Ringlein mein,
auf des Frühlings Stufen drein,
in des Sommers Flur hinein,
in des Herbstes Kämmerlein.
Auf des Winters Teppich dann
komm ans Neujahrsfeuer ran!

Und gleich eilen wir dir zu Hilfe, alle zwölf wie ein Mann – mit Sturm und Blitzen, mit Frost und Hitze. Hast du es dir gemerkt?

Textauszug: Samuil Marschak (1887–1967)

Neujahrsspiel

Zwölf Kinder hab ich zur Welt gebracht,
sie gleichen sich wenig, doch jedes hat Macht;
sie ziehen gestaltend durch die Welt,
eins mir immer zugesellt,
während die andern harren und ruhn
zu neuer Arbeit, zu frischem Tun.

Nur heute an meinem Geburtstag sind
sie alle gekommen, aus Regen und Wind,
aus Sonne und Nebel, aus Tiefen und Höhn,
ihre alte Mutter wiederzusehen.

Textauszug: Paula Dehmel (1862–1918)

31. Dezember
Silvester

Nun ist er da, der letzte Tag im alten Jahr.

Für viele gehört ein großes Feuerwerk untrennbar zur Silvesternacht, auch wenn dieser Brauch wegen seines negativen Umwelteinflusses heute kritisch gesehen wird. Was viele nicht wissen: Der laute Jahreswechsel ist eine ganz alte Tradition. Schon in vorchristlicher Zeit verabschiedete man das alte Jahr mit lärmenden Umzügen. Und es brachte Glück, das neue Jahr in Gemeinschaft mit anderen mit wildem Knallen, Trommeln und Musik zu begrüßen.

Überlege dir, wie du den Abend verbringen möchtest. Als werdende Mutter solltest du wählen, was dir gut tut: Mit Familie oder Freunden feiern oder vielleicht doch lieber eine Nacht mit viel Schlaf? Höre einfach auf dein Bauchgefühl.

Auch am Silvester-Abend steht dein Wohlgefühl an erster Stelle.

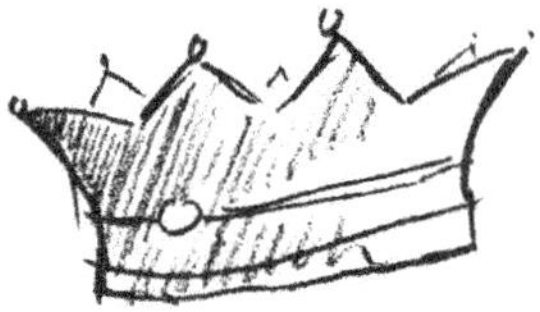

Was würden Sie tun, wenn Sie das neue Jahr regieren könnten?

Ich würde vor Aufregung wahrscheinlich
die ersten Nächte schlaflos verbringen
und darauf tagelang ängstlich und kleinlich
ganz dumme, selbstsüchtige Pläne schwingen.

Dann – hoffentlich – aber laut lachen
und endlich den lieben Gott abends leise
bitten, doch wieder nach seiner Weise
das neue Jahr göttlich selber zu machen.

Text: Joachim Ringelnatz (1883–1934)

Schneller Silvester-Punsch ohne Alkohol

Du brauchst:

1 l Apfelsaft

3 Früchtetee im Teebeutel

2 TL Vanillezucker

Bio-Orange und Apfelstücke

Einfach den Apfelsaft mit den Früchte-Teebeuteln erwärmen und 10 Minuten köcheln lassen. Vanillezucker zugeben. Orange in Scheiben schneiden und mit den Apfelstücken und dem Punsch ins Glas geben. Auch für Kinder bestens geeignet.

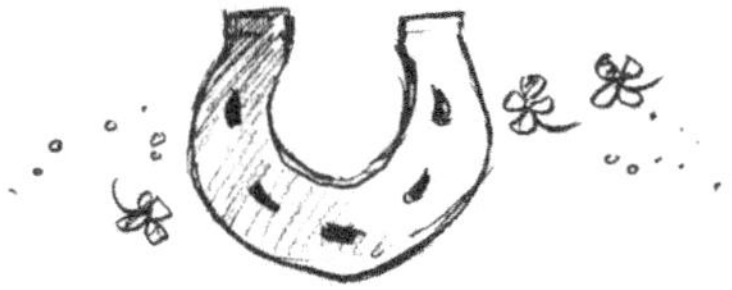

1. Januar

Das neue Jahr beginnt

Der erste Januar ist auch der erste Festtag im neuen Jahr.

Du und dein Kind werden heute gewiss viele gute Wünsche mit auf den Weg bekommen. Und bestimmt sprichst auch du in Gedanken mit deinem Kind und hoffst, dass alles gut geht in den nächsten Wochen und Monaten. Immerhin steht eine Geburt bevor – kann es ein größeres Abenteuer geben?!

Schreibe deine Wünsche für dich und dein Kind doch einfach auf an diesem Neujahrstag und lege diese Wunschliste oder deinen Brief später mit ins Baby-Album. Wenn du in ein paar Jahren mit deinem Kind hindurch blätterst, werdet ihr euch gewiss sehr darüber freuen.

Denn deine Zeilen bewahren wie eine Zeitkapsel deine Hoffnungen und Gedanken an diesem Neujahrstag.

1
JANUA

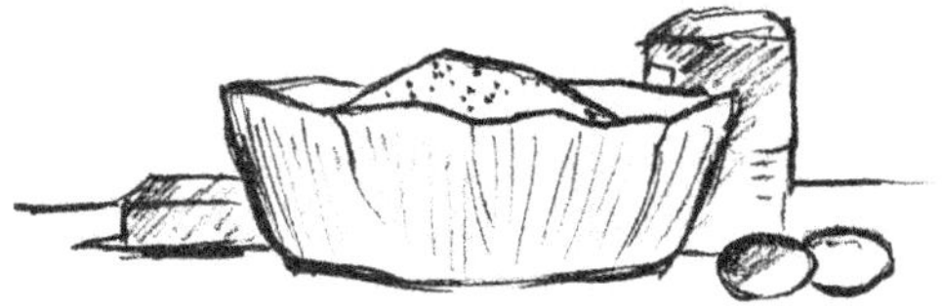

Neujahrskranz

Du brauchst:

500 g Mehl
1 Würfel Hefe (= 42 g)
50 g Zucker
250 ml warme Milch
1 Eigelb
1 EL Vanillezucker
1 EL Zitronenschale
100 g Butter
50 g Hagelzucker

Für den Vorteig: Zuerst das Mehl in eine Schüssel geben, so dass in die Mitte eine Vertiefung entsteht. Dann die Hefe hinein bröckeln und mit 1 Teelöffel Zucker bestreuen. Etwas Milch hineinrühren und abgedeckt 20 Minuten warm stellen. Dann die restliche Milch, Zucker, Vanillezucker, Zitronenschale, Butter und Eigelb zugeben und verkneten. Wieder 30 Minuten ruhen lassen.

Dann den Teig in 3 Portionen teilen, Rollen formen, zu einem Zopf flechten, zu einem Kranz zusammenlegen. Auf dem Backblech noch einmal eine Viertelstunde gehen lassen. Restliches Eigelb mit 1 Esslöffel Wasser glattrühren, den Kranz damit bestreichen, mit Hagelzucker bestreuen und im vorgeheizten Backofen bei 180 Grad 40 Minuten goldbraun backen.

Zu Neujahr

Will das Glück nach seinem Sinn
dir was Gutes schenken,
sage Dank und nimm es hin
ohne viel Bedenken.

Jede Gabe sei begrüßt,
doch vor allen Dingen:
Das, worum du dich bemühst,
möge dir gelingen.

Text: Wilhelm Busch (1832–1908)

2. Januar

Wenn die Tage kalt sind

Der Januar ist nicht unbedingt der
leichteste Monat für werdende Mütter.

Kälte und Dunkelheit sind anstrengend und können auch auf das Gemüt schlagen. Achte deshalb darauf, dass du genug Ruhe bekommst und dir immer wieder Auszeiten nimmst.

Zum Glück heizt eine Schwangerschaft in der Regel den Kreislauf an. Es fließt mehr Blut als sonst durch deine Adern, dein Herz muss mehr Arbeit leisten und vergrößert sich deshalb sogar ein wenig. Dadurch gehören kalte Füße der Vergangenheit an. Gerade in der kalten Jahreszeit profitierst du also von diesem Effekt in einer Schwangerschaft.

Und wenn dir trotzdem mal kalt ist, dann kuschele
dich samt Babybauch in deinen dicksten Pullover.

Ein bisschen mehr Freude

Ein bisschen mehr Freude und weniger Streit,
ein bisschen mehr Güte und weniger Neid,
ein bisschen mehr Liebe und weniger Haß,
ein bisschen mehr Wahrheit, das wär doch was!

Statt so viel Unrast ein bisschen Ruh,
statt immer nur ich bisschen mehr du,
statt Angst und Hemmung ein bisschen mehr Mut
und Kraft zum Handeln, das wäre gut.

Textauszug: Peter Rosegger (1843–1918)

Ein Klassiker für Schwangere:
Einfache Hühnersuppe mit Gemüse

Du brauchst:

1 l Gemüsebrühe

150 g Hähnchenbrustfilets

3 Karotten

3 große Kartoffeln

1/2 Sellerie

1 Stange Lauch

1 kleine Zwiebel

Petersilie

1 EL Butter

Zuerst die Gemüsebrühe aufkochen. Hähnchenfleisch und Gemüse in Würfel schneiden und zugeben. Das Ganze mindestens 20 Minuten köcheln lassen. Zum Schluss mit Salz, Pfeffer, Petersilie und etwas Butter abschmecken.

3. Januar

Im warmen Bauch

Der schönste und wärmste Ort ist auch
im kalten Winter dein Bauch.

Im warmen Rund schwebt dein Kind bei stets konstanter Temperatur in dir, mag es draußen auch noch so kalt sein.

In der Natur sind „Winter-Schwangerschaften“ gar nicht so selten, zum Beispiel bei Rehen und Bären. Bei diesen kommt es in der kalten Jahreszeit sogar zu einer „Keimruhe“, also einer Wartezeit, in der die befruchteten Eizellen erst einmal Pause machen. Zur Welt kommen die Tierkinder in der Regel dann, wenn das Nahrungsangebot für die säugenden Mütter gut ist und die Temperaturen steigen.

Manche Tiere werden saisonunabhängig trächtig. Mütter und Kinder müssen also mit jeder Geburts-Jahreszeit zurechtkommen.

Auch der Mensch zählt mit seinen
Schwangerschaften in diese Gruppe.

Fichtenkreuzschnabel

Der Fichtenkreuzschnabel gehört zu den wenigen Vögeln, die im Winter brüten können. Entscheidend ist, wann es genug Fichtenzapfen gibt, denn von ihren Samen ernährt sich der kleine Fink hauptsächlich.

Schon im Dezember beginnen die Fichtenkreuzschnäbel manchmal mit der Brut; auch große Kälte ist dafür kein Hindernis. Ihr Nest ist dick gepolstert und das Weibchen bleibt mindestens zwei Wochen lang auf den Eiern sitzen, um sie zu wärmen.

Hoffnung

Und dräut der Winter noch so sehr
mit trotzigen Gebärden,
und streut er Eis und Schnee umher,
es muß d o c h Frühling werden.

Und drängen die Nebel noch so dicht
sich vor den Blick der Sonne,
sie wecket doch mit ihrem Licht
einmal die Welt zur Wonne.

Blast nur ihr Stürme, blast mit Macht,
mir soll darob nicht bangen,
auf leisen Sohlen über Nacht
kommt doch der Lenz gegangen.

Textauszug: Emanuel Geibel (1815–1884)

4. Januar

Siebengestirn der Mütter

In klaren Winternächten kannst du die Plejaden am Himmel beobachten.

Das ist ein Sternenhaufen, der nach sieben Nymphen der griechischen Mythologie benannt ist: Alkyone, Asterope, Elektra, Kelaino, Maia, Merope und Taygete. Die Plejaden waren allesamt Mütter. Und es müssen schöne Mütter gewesen sein, denn laut Sage wurden sie von dem Jäger Orion voll Begierde verfolgt. Ihre Flucht gelang, indem sie als Tauben – peleiades – zum Himmel flogen. Allerdings verfolgt Orion sie als benachbartes Sternbild bis heute.

Wenn du die schönen Plejaden am Nachthimmel siehst, dann denke daran: In der Mythologie waren die Frauen nicht nur als Jungfrauen gutaussehend. Man verehrte und begehrte sie auch als mehrfache Mütter.

Und die Plejaden wurden erst, nachdem sie Kinder geboren hatten, „himmlisch" schön.

O braune, nährende Erde

O braune, nährende Erde, so lange schliefst
verhüllt, verhehlt in blendender Decke du;
nun endlich zeigst du wieder den lieben Schoß,
den warmen, fruchtbarn, – und meine Seele strömt
von Wiedersehens Dankbarkeit über dir,
du Mutterscholle, du Heimat im fremden All.

Text: Christian Morgenstern (1871–1914)

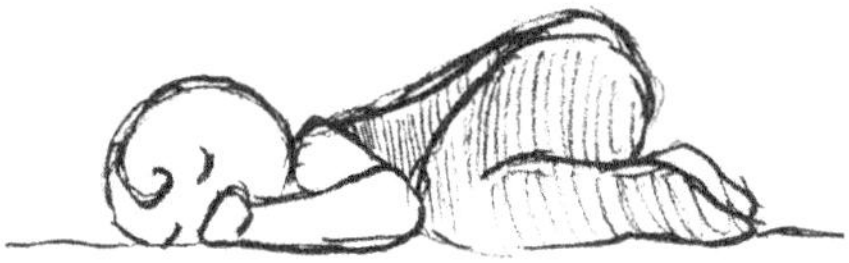

Mutter Erde

Bestimmt hast du schon einmal von Gaia gehört. Auch sie ist eine Gestalt der griechischen Mythologie und wurde vor allem als Mutter- und Erdgöttin angesehen. Gaia war die „Gebärerin“.

Über zwanzig Kinder hat sie zur Welt gebracht, und war so manches Mal sicher auch im griechischen Winter schwanger.

5. Januar
Glücksnüsse

Auch wenn der Kalender erst den Januar zeigt:
Die Natur geht bereits wie du mit
ihren ersten Kindern schwanger.

Die Haselnuss zählt zu den ganz zeitigen Frühblühern. Bestimmt kennst du ihre männlichen Blüten, die als lange, gelbe Kätzchen schon in diesen Tagen am Strauch hängen. Die kleinen weiblichen Blüten sind rötlich und etwas unscheinbar.

Dem Haselstrauch schrieben schon die Germanen Zauberkräfte zu. Vor allem stand er für Fruchtbarkeit und Liebe. Die Zweige des Haselstrauches wurden zum Beispiel genutzt, wenn bei Neujahrs- und Fastnachtsumzügen Ruten zu binden waren.

Es sollte die Fruchtbarkeit fördern, wenn die jungen
Mädchen im Scherz von den wilden, umherziehenden
Gesellen mit solch einer Rute geschlagen wurden.

Frühlingsnähe

Wieder seh ich jenen Schimmer,
jenen Schimmer an den Bäumen,
der mir sagt, es könne nimmer
lange mehr der Frühling säumen.

Ja, es ist ein holdes Zeichen,
und, bevor wir ihn noch bitten,
wird er uns mit seinen reichen
Wunderblüten überschütten.

Text: Martin Greif (1839–1911)

Ein Säckchen voll Glück

Hebe einige der Haselnüsse vom Weihnachtsabend auf. Am besten bewahrst du sie in einem kleinen Stoffsäckchen an einem trockenen Ort.

Wenn du einmal Glück brauchst, nimm dir eine Nuss heraus und stecke sie als Talisman in deine Hosentasche.

6. Januar

Drei Könige beim Baby-Besuch

Am Dreikönigstag sollen nach christlichem Glauben die Könige Caspar, Balthasar und Melchior dem neu geborenen Jesuskind Geschenke gebracht haben.

Auch die heute üblichen Umzüge von Sternsingern gehen auf diese Geschichte zurück. Nur wenig erfährt man in der Überlieferung über die Mutter Maria, die das Kind zur Welt gebracht hat und ohne Zweifel diejenige war, die es nun tagein, tagaus in den Armen hielt.

Wir können uns vorstellen, dass sie zwei Wochen nach der Geburt stolz war und glücklich. Aber wohl auch müde und manchmal unsicher. So wie viele junge Mütter heute auch. Sie hatte bestimmt gut zu tun mit Stillen, Wiegen, Windeln ... und dann auch noch unangekündigter Besuch! Den 6. Januar können wir durchaus als einen Tag ansehen, an dem an die Frauen und Mütter gedacht werden sollte.

Denn ohne Maria als Mutter gäbe es die ganze Königsgeschichte nicht.

Befana mit dem Mutterblick

Die Hexe Befana bringt in Italien in der Nacht auf den 6. Januar Geschenke für die Kinder. Sie trägt sie in jedes Haus, nicht wie die Heiligen drei Könige nur zu einem auserwählten Kind. Erklärt wird dies im Volksglauben damit, dass sie sich verspätete und den Stern nach Bethlehem verpasste.

In jedem Fall ist Befana eine gute Hexe: Sie beschenkt und straft gerecht. Und hat jedes Kind im Blick – wie eine echte Mutter.

Die Heiligen Drei Könige

Die heil'gen Drei Könige aus dem Morgenland,
sie frugen in jedem Städtchen:
„Wo geht der Weg nach Bethlehem,
ihr lieben Buben und Mädchen?"
Die Jungen und Alten, sie wussten es nicht,
die Könige zogen weiter,
sie folgten einem goldenen Stern,
der leuchtete lieblich und heiter.
Der Stern bleibt stehn über Josefs Haus,
da sind sie hineingegangen;
das Öchslein brüllt, das Kindlein schrie,
die heil'gen Drei Könige sangen.

Text: Heinrich Heine (1797–1856)

7. Januar

Ich singe dir

In der zweiten Hälfte der Schwangerschaft kann dein Kind deine Stimme wahrnehmen.

Auch andere Geräusche dringen gedämpft an sein Ohr. Deshalb kannst du durchaus schon einmal ein paar Schlaf- und Wiegenlieder ausprobieren. Oder natürlich auch andere Musik.

Es besteht die Chance, dass dein Kind sich später an deine Stimme erinnert. Forscher gehen davon aus, dass die Bindung von Mutter und Kind so schon sehr früh gefestigt wird.

Das kann dein Kind vielleicht schon hören:

Deinen Herzschlag, deine Atemgeräusche und auch Magen- und Darmgeräusche, deine Stimme, die Stimme von anderen, nahen Personen (gedämpft), Musik.

Märzlied

Eh‘ noch der Lenz beginnt,
Schnee von den Bergen rinnt,
singet das Vöglein schon
freudigen Ton.

Noch blüht kein Veilchen blau,
noch ist der Wald so grau.
Was mag das Vögelein
denn so erfreun?

Wärme und heller Schein
hauchen ihm Ahnung ein:
Bald kommt mit neuem Glück
Frühling zurück.

Text: Abraham Emanuel Fröhlich (1796–1865)
Musik: Ernst Adolf Wend (1806–1850)

Eines der ältesten bekannten Wiegenlieder in deutscher Sprache:

Schlaf, Kindlein, schlaf,
der Vater hüt die Schaf,
die Mutter schüttelts Bäumelein,
da fällt herab ein Träumelein,
schlaf, Kindlein, schlaf.

Schlaf, Kindlein, schlaf,
am Himmel ziehn die Schaf.
Die Sternlein sind die Lämmerlein,
der Mond, der ist das Schäferlein,
schlaf, Kindlein, schlaf.

Auszug aus der Liedsammlung „Des Knaben Wunderhorn"

8. Januar

Wie eine warme Decke

Wann Schnee fällt oder nicht – das ist auch im Januar immer ungewiss.

Bei großer Kälte wirken die Flocken jedoch wie eine schützende Decke für die Pflanzen. Unter dieser Decke kühlt der Boden nicht so stark aus und viele Knospen liegen gut geschützt darunter.

Vielleicht wünschst du dir manchmal auch solch eine Decke. Denn in der Schwangerschaft rührt dich vieles stärker an, und du bist empfindsamer als sonst. Viele Schwangere berichten, dass sie eher müde sind, reizbarer oder auch schneller einmal Tränen vergießen. Das ist normal und hängt mit der hormonellen Umstellung im Körper zusammen. Hier gilt: bloß nicht immer die Heldin spielen.

Schnapp dir eine Kuscheldecke, wenn dir danach ist, und gönne dir Ruhe, eine Auszeit und deine eigenen Gefühle.

Der Reif

Der Reif ist ein geschickter Mann:
O seht doch, was er alles kann!
Er haucht nur in den Wald hinein,
wie ist verzuckert schön und fein
ein jeder Zweig und Busch und Strauch
von seinem Hauch!

Wie schnell es ihm von Händen geht!
Kein Zuckerbäcker das versteht.
Und alles fein und silberrein,
wie glänzt es doch im Sonnenschein!
Wär‘ alles doch nur Zucker auch
von seinem Hauch!

Doch nein, wir sind schon sehr erfreut,
dass uns der Reif so Schönes beut.
O Winter, deinen Reif auch gib,
uns ist auch Augenweide lieb,
und ohne Duft und Frühlingshauch
freu‘n wir uns auch.

Text: August Heinrich Hoffmann von Fallersleben (1798–1874)

Blumen unter'm Schnee:
Ein Fensterbild für Schwangere

Du hast die Weihnachtsdeko weggeräumt und nun sehen die Fenster kahl und leer aus? Dann probiere doch ein Sinnbild deiner Schwangerschaft als Fensterschmuck:

Einfach mit einem Fensterkreidestift eine unebene, waagerechte Linie ziehen. Darüber kleine Spitzen für die Blätter der ersten Frühblüher. Darunter schöne, runde Zwiebeln, in denen schon das neue Leben wächst – genau wie bei dir.

9. Januar

Eine runde Sache

Runde Bäuche haben im Winter auch die Schneemänner.

Ob du selbst noch einen bauen willst oder das zu beschwerlich findest, das musst du selbst entscheiden. Fest steht jedoch, dass dir Bewegung an der frischen Luft gut tut. Kreislauf und Atmung kommen in Schwung und dein Kind schläft selig in deinem Kullerbauch, während es deine regelmäßigen Schritte spürt.

Auch im Winter solltest du dich regelmäßig bewegen. Es gibt viele Sportarten, die auch für Schwangere empfohlen werden: Laufen, Schwimmen, Pilates und Ähnliches. Sportarten mit hoher Belastung oder Verletzungsrisiko solltest du vermeiden. In der Schwangerschaft trägst du ein höheres Gewicht mit dir. Das verändert deinen Gang und viele Bewegungsabläufe.

Achte daher auf deine Körperhaltung und stets bequeme, sichere Schuhe – gerade im Winter.

Der Schneemann auf der Straße

Der Schneemann auf der Straße
trägt einen weißen Rock,
hat eine rote Nase
und einen dicken Stock.

Er rührt sich nicht vom Flecke,
auch wenn es stürmt und schneit.
Stumm steht er an der Ecke
zur kalten Winterszeit.

Doch tropft es von den Dächern
im ersten Sonnenschein,
da fängt er an zu laufen,
und niemand holt ihn ein.

Text: Robert Reinick (1805–1852)

Etwas Warmes für kalte Tage: Sahne-Wirsing

Du brauchst:

½ Wirsingkopf

200 ml Sahne

Salz

Zucker

Kümmel

1 EL Butter

bei Bedarf: geröstete Schinkenwürfel

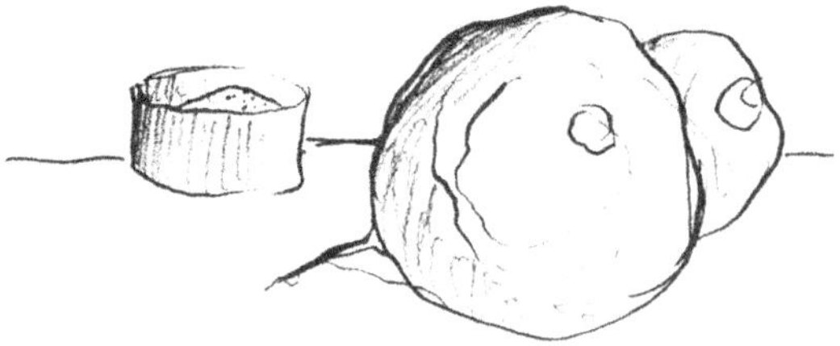

Die Wirsingblätter gründlich waschen. Dann zuerst die inneren, hellen Blätter sehr klein schneiden und mit Salz und Zucker in der Sahne weich kochen. Dann die dunklen Außenblätter zuschneiden und mit Salz und Kümmel in Wasser garen. Wasser abschütten und die hellen Blätter mit Sahne und Butter zugeben. Wer es besonders deftig mag, kann noch geröstete Schinkenwürfel zufügen. Wirsing-Gemüse enthält Vitamine, Kalium, Folsäure und Senföle.

Hinweis: Wirsing gehört zu den Kohlarten und kann daher Blähungen auslösen. Am besten mit Kümmel oder Fenchelsamen würzen, beide wirken hier entgegen.

10. Januar

Die Sonne kommt

Im Winter macht sich die Sonne rar.

An den kürzesten Tagen im Jahr scheint sie nur etwa 8 Stunden – im Sommer hingegen sind es 16. Das führt dazu, dass wir uns oft abgeschlagen und schläfrig fühlen. Auch Schwangere machen hier keine Ausnahme. Die dunkle Jahreszeit ist ein echter Energiefresser und eine besondere Herausforderung für werdende Mütter wie dich.

Doch zu Jahresbeginn blitzt auch schon wieder ein bisschen Hoffnung am Horizont. Am 10. Januar liegt der kürzeste Tag dieses Winters schon fast drei Wochen zurück. Dein Kind wird damit zur Welt kommen in einer Zeit, in der die Sonne an Macht gewinnt und jeder Tag ein wenig heller ist als der vorige: Was für eine schöne Aussicht!

Und sie ist speziell den Frauen vorbehalten, die über Neujahr schwanger sind.

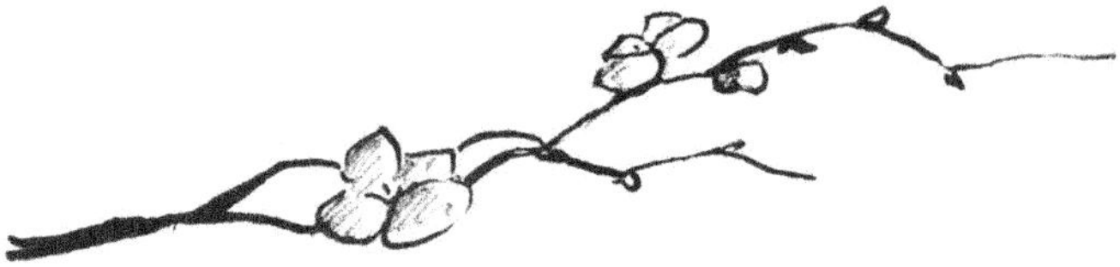

Nun sitzt Frau Sonne im goldenen Sattel

Nun sitzt Frau Sonne im goldenen Sattel
und reitet höher den Berg herauf.
Sie knöpft den Wolkenmantel auf,
schöpft Luft und hat die Brüste geweitet.

Windhunde erklimmen mit ihr die Berge
und überschwimmen den Fluß in der Runde.
Frau Sonn' hat noch keine Blume im Munde,
die Ackerkrume liegt schwarz noch wie Ruß;
Frau Sonn' ist die einzig lachende Blum' im Königtum.

Text: Max Dauthedey (1798–1874)

Vitamin D – das „Sonnenvitamin"

Im Winter ist es für deinen Köper schwieriger, ausreichend Vitamin D zu produzieren, denn dafür benötigt er Sonnenlicht. Gleichzeitig ist ein ausreichend hoher Vitamin D-Spiegel gerade in der Schwangerschaft wichtig.

Deine Ärztin oder deine Hebamme können dich dazu beraten und bei Bedarf auch ein Vitamin D-Präparat verschreiben.

11. Januar

Allein bei kaltem Ostwind

Auch als Schwangere kann man sich manchmal sehr einsam fühlen.

Dies gilt vor allem dann, wenn du eine alleinerziehende Mutter sein wirst. Dann bist du vielleicht allein im Geburtsvorbereitungskurs angemeldet, zu dem andere Schwangere den Partner oder die Partnerin mitbringen. Das ist nicht immer leicht.

Trotzdem kannst du dir sagen: Mein Kind und ich – wir sind auch ein Super-Team! Wir gehören zusammen und wir haben uns. Und gerade in der Schwangerschaft seid ihr ja tatsächlich eine untrennbare Einheit. Konzentriere dich auf dein Kind und das, was ihm und dir gut tut. Und sei gewiss: Auch bei den Pärchen ist nicht immer eitel Sonnenschein.

So manch banaler Alltagsstreit bleibt dir in jedem Fall erspart, und du kannst frei entscheiden, wie es dir gefällt.

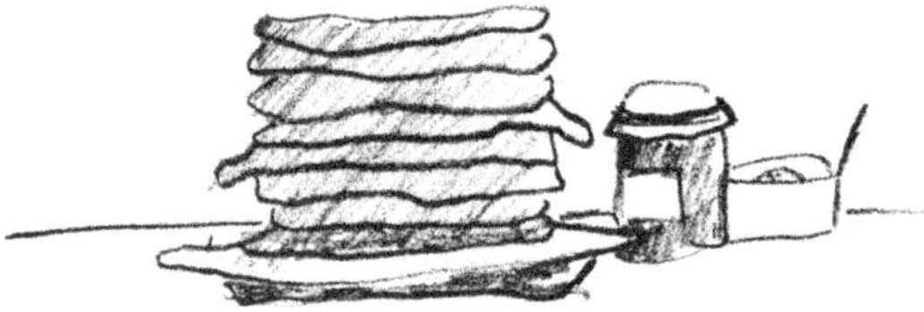

Rezept für süße Seelentröster:

Eierkuchen mit heißem Heidelbeerkompott

Du brauchst:

2 Eier
1 große Tasse Mehl (150g)
1 große Tasse Milch (200 ml)
1 Messerspitze Backpulver
1 EL Margarine

Zucker
1 Glas Heidelbeerkompott

Eier und Milch verrühren. Mehl und Backpulver zugeben und verrühren, bis eine breiige Masse entsteht. Portionsweise in der heißen Margarine in einer Pfanne auf kleiner Flamme braten. Nach ca. 3 Minuten herumdrehen und noch einmal eine halbe Minute in der Pfanne lassen. Mit Zucker und heißen Heidelbeeren servieren.

Wenn der holde Frühling lenzt

Wenn der holde Frühling lenzt
und man sich mit Veilchen kränzt,
wenn man sich mit frischem Mut
Schnittlauch in das Rührei tut,
wallen durch des Menschen Säfte
neue, ungeahnte Kräfte –
jegliche Verstopfung weicht,
alle Herzen werden leicht
und das meine fragt sich still,
ob mich dies Jahr einer will?

Text: Friederike Kempner (1828–1904) zugeschrieben

12. Januar

Zwiebelkinder

Die meisten Frühblüher haben eines gemeinsam: Sie wachsen aus einer Zwiebel oder Knolle hervor, auch wenn es draußen noch kalt ist.

In der Zwiebel oder Knolle hat die Pflanze alles gespeichert, was sie zum Leben braucht, also vor allem Stärke und Mineralien.

In ihrer kugeligen Form erinnern uns Schneeglöckchenzwiebeln und Krokus-Knollen auch an den eigenen schwangeren Bauch. Hier wie dort ist der Anfang ein dunkles Rund. Hier wie dort werden in diesem Rund Nährstoffe gespeichert und alles Wichtige angelegt und versorgt. Hier wie dort ist es immer wieder ein kleines Wunder, wenn das neue Leben das Licht der Welt erblickt.

Als Schwangere bist du eng verbunden mit der Natur. Dein Körper folgt ihren Gesetzen und Regeln, so wie es alle anderen Lebewesen auch tun.

Es kann für werdende Mütter sehr beglückend sein, sich auf diese Weise als Teil der Natur, als Teil eines Ganzen zu empfinden.

Schneeglöckchen

Schneeglöckchen, ei, du bist schon da?
Ist denn der Frühling schon so nah?
Wer lockte dich hervor ans Licht?
Trau doch dem Sonnenscheine nicht!
Wohl gut er‘s eben heute meint,
wer weiß, ob er dir morgen scheint?

„Ich warte nicht, bis alles grün;
wenn meine Zeit ist, muß ich blühn.
Der mich erschuf für diese Welt,
heißt blüh‘n mich, wann es ihm gefällt;
er denkt bei Schnee und Kälte mein,
wird stets mein lieber Vater sein.“

Text: August Heinrich Hoffmann von Fallersleben (1798–1874)

Für Gartenfreunde:

Eine kleine Schneeglöckchenkunde

Das Schneeglöckchen ist wohl der bekannteste und beliebteste Frühblüher. In einem milden Januar kann man zumindest die ersten mutigen Blattspitzen aus dem Boden lugen sehen.

Die Botaniker kennen über 20 Arten.

In unseren Gärten wächst vor allem das Kleine Schneeglöckchen. Es steht unter Naturschutz und darf in der freien Natur nicht gepflückt werden.

13. Januar
Winterschlaf

Viele Tiere halten in der kalten Jahreszeit
Winterschlaf oder Winterruhe.

Wer munter bleibt, ist weniger aktiv und beschränkt sich auf Futtersuche. Der Mensch macht die Ausnahme – zumindest seit der Erfindung von Glühlampe und Ofen. Die Jahreszeiten sollen möglichst keine Rolle mehr spielen für unsere Arbeit und unser Leben.

Das gelingt nicht immer und nicht jedem. Winter-Schwangere spüren besonders, dass sie durchaus abhängig davon sind, wie viele Sonnenstrahlen sie abbekommen und wie kalt es draußen ist. Die Jahreszeit wirkt sich auf das Schlafbedürfnis und das gesamte Körpergefühl aus. Habe also kein schlechtes Gewissen, wenn du wieder einmal „mit den Hühnern ins Bett“ gehst.

Der Schlaf entlastet dich und dein Kind.

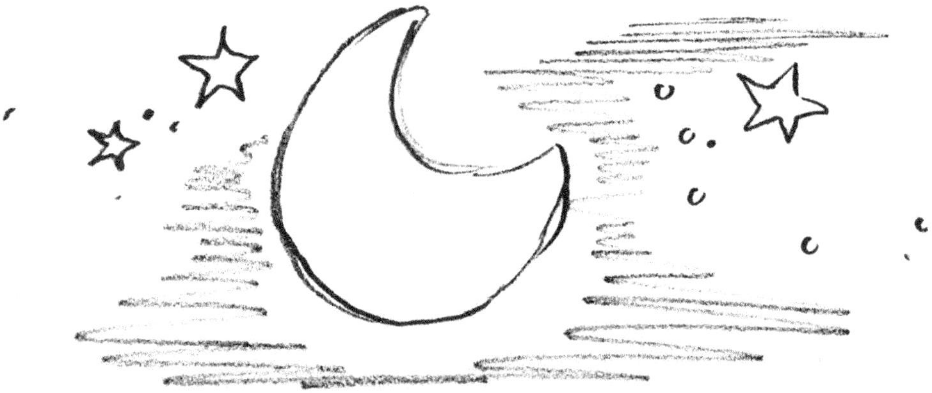

Wintermondnächte

Der Mond tritt über die Eichen
und wandelt die Äcker im Schnee
mit seinem geisterbleichen
Schimmer in einen weiten See.

Tiefdunkle Wälder säumen
den regungslosen ein,
und hoch aus blassen Räumen
tropft Sternensilberschein.

Text: Christian Morgenstern (1871–1914)

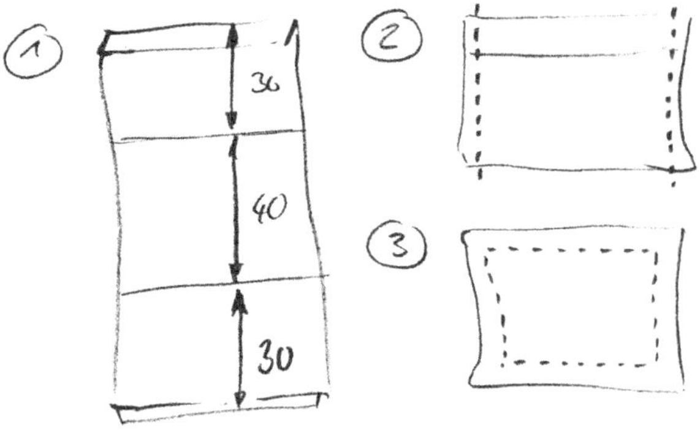

Für einen guten Schlaf: Babykissen selbst genäht

Dieses Kissen kommt ohne Knöpfe und Reißverschlüsse aus und ist daher auch als Projekt für Anfängerinnen gut geeignet:

Du brauchst:

1 Stück Baumwollstoff ca. 40 x 100 cm • 10–20 Stecknadeln

Kissenfüllung

Zuerst die beiden kurzen Seiten zweimal nach innen umschlagen (1 cm breit) und im einfachen Geradstich umnähen. Dann den Stoff mit der Innenseite außen zusammenlegen (siehe Bild 1). Die Ränder mit Stecknadeln befestigen (Bild 2). Die beiden noch unvernähten Seiten im Geradstich zusammennähen. Die Stecknadeln entfernen. Das ganze Kissen wieder „auf rechts“ drehen. Dann einfach noch einmal rundherum nähen mit ca. 2 cm Abstand zum Rand. Kissenfüllung einstecken und Kissen an der Öffnung mit einem kleinen Handstich verschließen. Fertig!

14. Januar

Frühlingsregen

Nun ist der kalte Januar schon fast zur Hälfte herum und wir alle träumen bereits vom Frühling.

In manchem Jahr schieben sich zwischen die frostigen Wochen auch ein paar milde Tage. Dann heben die ersten kleinen Gänseblümchen die Köpfe und sichern uns zu: er kommt, der Frühling.

„Allmonatsblume“ – auch so wurde das Gänseblümchen früher genannt. Denn tatsächlich kommt es mit jeder Jahreszeit zurecht und kann selbst im milden Winter noch Blüten treiben. Darin ähnelt es uns Frauen, die zu jeder Jahreszeit schwanger werden und Kinder bekommen können. Mit deiner Schwangerschaft beweist auch du, dass du eine „Allmonatsblume“ bist.

Eine Blume, die auch im Winter blühen kann, die ist – auch wenn sie klein ist – etwas ganz Besonderes.

Frühlingslied

Zu des Mädchens Wiegenfeste

Und als das Kind geboren ward,
von dem ich heute singe,
der Winter schüttelte den Bart:
„Was sind mir das für Dinge!
Wie kommt dies Frühlingsblümelein
in mein bereiftes Haus hinein?
Potz Wunder über Wunder!“

Herr Winter! greif Er nur zum Stab!
Das sind gar schlimme Dinge:
Sein weißes Kleid wird gar zu knapp,
sein Ansehn zu geringe! –
Wie übern Berg die Lüfte wehn,
da merk ich, was das Blümlein schön
uns Liebliches bedeute.

Textauszug: Theodor Storm (1817–1888)

Flora – die Blumengöttin

Flora nannten die Römer die Göttin der Pflanzen und der Jugend. Gleichzeitig galt die blütengeschmückte Flora auch als Göttin des Frühlings und der Schwangerschaft.

15. Januar

Bald sind tolle Zeiten

Vielleicht steckst auch du schon in den Vorbereitungen für Karneval, Fasching oder Fastnacht im Februar?

Dieses Fest hat in vielen Regionen eine lange Tradition. Auch schwangere Frauen waren zu allen Zeiten dabei, wenn es um die Vorbereitungen ging: Kostüme nähen, Einkäufe tätigen, das Haus schmücken, Gerichte vorbereiten – immer taten dies auch werdende Mütter.

Heute weniger bekannt ist, dass unverheiratete und daher kinderlos gebliebene Frauen in früheren Zeiten oft nicht mitfeiern durften. Die „alten Jungfern" waren gesellschaftlich geächtet. Und dies galt gerade beim Karneval, der seinen Ursprung ja in alten Fruchtbarkeitsriten hat. Sogenannte Heischeumzüge oder wilde Maskenumzüge sollten einst den Winter austreiben und den Sieg des Frühlings herbeiführen.

Für die jungen Frauen sollte eine neue, „fruchtbare" Zeit anbrechen, und zur Weiberfastnacht durften sie sogar für einen Tag die Macht übernehmen.

Traditionelles Rezept für Schmalzgebäck

Du brauchst:

500 g Mehl

30 g Hefe

400 ml Milch

60 g Zucker

60 g Butter

1 Ei

Salz und Puderzucker

1 l Speiseöl oder Schmalz

Mehl, Zucker und eine Prise Salz mischen und dann Hefe darüber bröckeln. Milch und Butter mischen und lauwam dazugeben, ebenso ein Ei. Das Ganze zu einem glatten Teig kneten und dann 45 Minuten ruhen lassen.

Öl erhitzen und den Teig in kleinen Stücken nach und nach mit einem Holzlöffel hineingeben. Nach ein bis zwei Minuten sind die Teigstücke goldbraun und durchgebacken. Auf Küchenrolle abtropfen lassen und mit Puderzucker bestreuen.

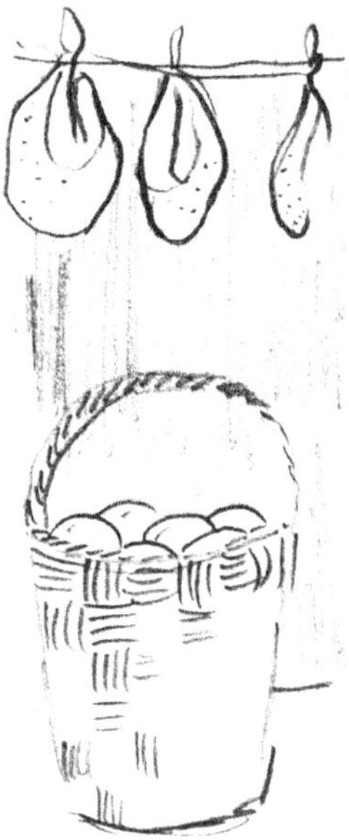

Havele Hahne

Havele havele Hahne,
Fastennacht geht ane,
droben in dem Hinkelhaus
hängt ein Korb mit Eiern raus;
droben in der Firste,
hängen die Bratwürste.
Gebt uns die langen,
laßt die kurzen hangen.
Ri ra rum,
der Winter muß herum.
Was wollt ihr uns denn geben,
ein glückseligs Leben,
Glück schlag ins Haus,
komm nimmermehr heraus.

Aus der Liedsammlung „Des Knaben Wunderhorn"

16. Januar

Schaukelliebe

Wenn du an einem kalten Wintertag spazieren gehst,
dann schläft dein Kind in deinem Bauch vielleicht ein.

Deine Schritte schaukeln es in den Schlaf. Diese Bewegung von dir wird sich deinem Kind fest einprägen. Und wenn es später in einem Tragetuch liegt, in einer Schaukel sitzt oder das erste Mal eine Hängematte ausprobiert – immer wird es sich unbewusst erinnern an deine wiegenden Schritte.

Es wird schaukeln, weil du gelaufen bist in diesen kalten Wintertagen. Es wird schaukeln, weil es so selig schön war in dir.

Es wird schaukeln, weil es ohne Sorge war.

Wie mein Kind sich freuen kann!

Wie mein Kind sich freuen kann,
sieht es nur ein Licht,
sieht es nur ein Blümchen an,
lächelt sein Gesicht.

Welche Freude wird es sein,
wenn's im Frühlingsfeld
laufen kann im Sonnenschein
durch die Blumenwelt!

Wie's die Händchen dann erhebt
nach dem Schmetterling!
Wie's nach allem hascht und strebt!
nichts ist ihm gering.

Freue dich, mein liebes Kind!
Wer sich freuen kann,
ist, sobald er nur beginnt,
schon ein bess'rer Mann!

Textauszug: August Heinrich Hoffmann von Fallersleben (1798–1874)

Die Schaukel

Wie schön sich zu wiegen,
die Luft zu durchfliegen
am blühenden Baum!
Bald vorwärts vorüber,
bald rückwärts hinüber, –
es ist wie ein Traum!

Die Ohren, sie brausen,
die Haare, sie sausen
und wehen hintan!
Ich schwebe und steige
bis hoch in die Zweige
des Baumes hinan.

Wie Vögel sich wiegen,
sich schwingen und fliegen
im luftigen Hauch:
Bald hin und bald wieder,
hinauf und hernieder,
so fliege ich auch!

Text: Heinrich Seidel (1842–1906)

17. Januar

Ausblick

Für dich ist der Zeitpunkt der Geburt nun über den Jahreswechsel ein ganzes Stück näher gerückt.

Die Feiertage sind vorüber und das neue Jahr hat begonnen – dieses neue Jahr, das dir dein Kind bringen wird.

Du hast es in deinem Bauch sicher durch die dunkelsten Tage dieses Winters getragen. In dir lag dein Kind sicher und warm. Wenn du es bald in deinen Armen hältst, dann werden die Tage schon länger sein, die Blumen trauen sich hervor und von Woche zu Woche wird es wärmer. Dein Kind wird in eine Zeit des Wachsens und Aufblühens hineingeboren. Das macht vieles leichter und unbeschwerter.

Freue dich auf diese schöne Zeit, auf den Frühling, auf dein Kind.

Freue dich auf dein kleines Wunder!

Wunderchen

Putzt die Fenster! fegt die Ecken!
Darf sich kein Staub, kein Krümel verstecken,
muß alles so blank wie Ostertag sein,
denn das Wunderchen zieht ein!
Zieht ein, – schon stimmen die Englein die Geigen;
alle Könige werden sich neigen,
Hirten und Könige mit dem Stern
haben Wunderchen gern!
Wer soll Wunderchens Taufpate sein?
Sieben große Meister laden wir ein,
sieben große Helden mit Kron‘ und Schalmein
sollen Wunderchens Taufpaten sein!

Und wer ist schnell
sein Spielgesell?
Da kommen gesprungen
die reizenden jungen
Wacholderweibchen und Fliedermännchen,
Taunixchen mit silbernen Wasserkännchen;
aus Vogelnestern und Weidenkätzchen
kucken neugierige Schelmenmätzchen:
Wir lachen fein,
wir singen fein,
wir wollen Wunderchens Spielgesellen sein!

Text: Paula Dehmel (1862–1918)

Quellenverzeichnis

25. Dezember

Wilhelm Busch: „Es wird mit Recht ein guter Braten", aus: ders.: Kritik des Herzens. Historisch-kritische Gesamtausgabe in vier Bänden. Band 2, S. 494–526.

26. Dezember

Theodor Storm: „Weihnachtslied", aus: ders.. Gedichte. Verlag der Gebrüder Paetel (8. Auflage), Berlin 1885, S. 7.

27. Dezember

Joachim Ringelnatz: Die Geburtenzahl. Aus: Joachim Ringelnatz. Mein Herz in Muschelkalk. Gesammelte Gedichte. Hrsg. v. J. Schreck. Eulenspiegel Verlag Berlin, S. 90.

28. Dezember

Frau Holle (Auszug) aus: Grimms Märchen. Hrsg. im Lechner Verlag, Geneva 1996, S. 11ff.

Rainer Maria Rilke: Sei du mir Omen. Aus: Rainer Maria Rilke – Sämtliche Werke. Herausgegeben vom Rilke-Archiv, Insel Verlag Frankfurt a. Main 1955, Band 3, S. 281.

30. Dezember

Hans Christian Andersen; „12 mit der Post". Aus: Andersens Märchen. Droemersche Verlagsanstalt – Th. Knaur Nachf., München 2003, S. 170ff.

Paula Dehmel: „Neujahrsspiel". Aus: Paula Dehmel. Das liebe Nest – Gesammelte Kindergedichte. Berliner Ausgabe 2016, S. 111.

Ringzauber aus: Samuil Marschak: Die zwölf Monate. Aus dem Russischen von Miron Broser. Verlag Bruno Henschel und Sohn, Berlin, S. 34.

31. Dezember

Joachim Ringelnatz: „Was würden Sie tun ..." aus: Joachim Ringelnatz. Mein Herz in Muschelkalk. Gesammelte Gedichte. Hrsg. v. J. Schreck. Eulenspiegel Verlag Berlin, S. 248.

1. Januar

Wilhelm Busch: „Zu Neujahr" aus: Wilhelm Busch: Schein und Sein. Insel Verlag Leipzig, S. 69.

2. Januar

Peter Rosegger: Ein bisschen mehr Freude. Aus: 365 x ein Gedicht für jeden Tag. Coppenrath Verlag, Münster 2013, Kalenderblatt für den 2. Januar.

3. Januar

Emanuel Geibel: „Hoffnung". Aus: Das kleine Frühlingszauberbuch. Hrsg, v. H Toma und C. Holland. Coppenrath Verlag Münster, S. 2.

4. Januar

Christian Morgenstern: „O braune, nährende Erde". Aus: Winterzauber – Verse und Bilder aus Frau Holles Reich. Hrsg. v. H. Röslin, Walter Hädecke Verlag, Stuttgart 1922, S. 60.

5. Januar

Martin Greif: „Frühlingsnähe". Aus: Gedichte für einen Frühlingstag. Hrsg. v. G. Bull, dtv, München 2004, S. 13.

6. Januar

Heinrich Heine: Die heiligen drei Könige. Aus: ders.: Buch der Lieder. Hoffmann und Campe Verlag, Hamburg 1827, S. 213.

7. Januar

Abraham Emanuel Fröhlich: „Märzlied". Aus: Deutsche Volkslieder für Singstimme und Klavier. Hrsg. v. B. Pachnicke, Edition Peters, Leipzig 1987, 7. Auflage, S. 321.

„Schlaf, Kindlein, schlaf". Aus: Achim von Arnim und Clemens Brentano: Des Knaben Wunderhorn. Band 3, Reclam-Verlag, Stuttgart u.a. 1987, S.280.

8. Januar

August Heinrich Hoffmann von Fallersleben: „Der Reif" aus: Ein Gärtlein weiß ich doch auf Erden. Kinderlieder und Gedichte von Heinrich Hoffmann von Fallersleben. Hrsg. v. Hoffmann-von-Fallersleben-Gesellschaft e.V. Wolfsburg/Fallersleben 1991, S. 206.

9. Januar

Robert Reinick: „Der Schneemann auf der Straße". Aus: Reime, Gedichte, Geschichten für den Kindergarten. Volk und Wissen Verlag, Berlin 1979, S. 60.

10. Januar

Max Dauthedey: „Nun sitzt Frau Sonne im goldenen Sattel". Aus: Winterzauber – Verse und Bilder aus Frau Holles Reich. Hrsg. v. H. Röslin, Walter Hädecke Verlag, Stuttgart 1922, S. 59.

11. Januar

„Wenn der holde Frühling lenzt". zugeschrieben Friederike Kempner. Aus: Der Zwerg liebt eine kleine Schnecke, Ein Jahrbuch für Kinder, Der Kinderbuchverlag Berlin 1983.

12. Januar

August Heinrich Hoffmann von Fallersleben: „Schneeglöckchen" aus: Ein Gärtlein weiß ich doch auf Erden. Kinderlieder und Gedichte von Heinrich Hoffmann von Fallersleben. Hrsg. v. Hoffmann-von-Fallersleben-Gesellschaft e.V. Wolfsburg/Fallersleben 1991, S. 83.

13. Januar

Christian Morgenstern: „Wintermondnächte". Aus: Winterzauber – Verse und Bilder aus Frau Holles Reich. Hrsg. v. H. Röslin, Walter Hädecke Verlag, Stuttgart 1922, S. 24.

14. Januar

Theodor Storm: „Frühlingslied". Aus: Gedichte für einen Frühlingstag. Hrsg. v. G. Bull, dtv, München 2004, S. 27.

15. Januar

„Havele Hahne" aus: Achim von Arnim und Clemens Brentano: Des Knaben Wunderhorn. Band 3, Stuttgart u.a. 1979, S. 258.

16. Januar

August Heinrich Hoffmann von Fallersleben: „Wie mein Kind sich freuen kann" aus: Ein Gärtlein weiß ich doch auf Erden. Kinderlieder und Gedichte von Heinrich Hoffmann von Fallersleben. Hrsg. v. Hoffmann-von-Fallersleben-Gesellschaft e.V. Wolfsburg/Fallersleben 1991, S. 224.

Heinrich Seidel: Die Schaukel. Aus: Heinrich Seidel. Neues Glockenspiel. Gesammelte Gedichte J. G. Cotta'sche Buchhandlung. Stuttgart 1893.

17. Januar

Paula Dehmel: „Wunderchen" aus: Paula Dehmel. Das liebe Nest – Gesammelte Kindergedichte. Berliner Ausgabe 2016, S. 7.

Kopiervorlage Katzen-Orakel zum Ausschneiden

Weitere Bücher von Nicole Schäufler

Weitere Bücher von Nicole Schäufler

Voller
Vorfreude
auf mein
Baby
edition
riedenburg

edition
riedenburg
Andrea Zschocher
Nicht mehr
klein
und noch nicht
groß
Der liebevolle
Ratgeber für die
Wackelzahnpubertät
Mit Tipps von der
Kinderzahnärztin und
Erfahrungsberichten vieler Eltern

Dr. med.
Ute Taschner
Das VBAC-Buch, das deine nächste Schwangerschaft und Geburt vereinfacht
NATÜRLICHE GEBURT
NACH KAISERSCHNITT
PRAXIS-WISSEN VON DER ÄRZTIN
edition
riedenburg

Sarah Schmid
Alleingeburt
Schwangerschaft und Geburt in Eigenregie
Basiswissen
Illustrationen und Fotos
Erfahrungsberichte
edition
riedenburg

Ute Taschner
Kathrin Scheck
Meine
Wunschgeburt
edition
riedenburg

Heike Wolter
Meine
Folgeschwangerschaft
edition
riedenburg

Bibliografische Information der Deutschen Nationalbibliothek
Die Deutsche Nationalbibliothek verzeichnet diese Publikation in der Deutschen Nationalbibliografie; detaillierte bibliografische Daten sind im Internet über http://dnb.d-nb.de abrufbar.

Die Rechtschreibung historischer Texte wurde teilweise an heute gebräuchliche Regeln angepasst.

1. Auflage	September 2023
© 2023	edition riedenburg
Verlagsanschrift	Adolf-Bekk-Straße 13
	5020 Salzburg, Österreich
Internet	www.editionriedenburg.at
E-Mail	verlag@editionriedenburg.at
Lektorat	Johann Leitner
Satz und Layout	edition riedenburg
Herstellung	Books on Demand GmbH

ISBN 978-3-99082-141-1